REGLEMENT

POUR L'ADMINISTRATION EN REGIE

des

EAUX THERMALES DE LUXEUIL.

VESOUL,

TYPOGRAPHIE DE L. SUCHAUX

1861.

RÉGLEMENT

POUR L'ADMINISTRATION EN RÉGIE

des

EAUX THERMALES DE LUXEUIL.

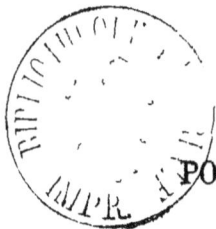

TITRE I.

Division de l'Établissement. — Fonctions et Comptabilité du Régisseur.

Article 1er.

Les eaux thermales de Luxeuil se distribuent dans sept salles ou établissements distincts, savoir :

1° Le Bain-des-Bénédictins,
2° Le Bain-des-Dames,
3° Le Bain-des-Fleurs,
4° Le Bain-Gradué,
5° Le Grand-Bain,
6° Le Bain-Ferrugineux,
7° Le Bain-des-Capucins.

Art. 2.

Ces établissements sont administrés par un régisseur.

Le régisseur est secondé par un ou plusieurs surveillants ou baigneurs en chef.

Ces agents sont placés, les uns et les autres, sous la double surveillance du Ministère de l'agriculture, du commerce et des travaux publics, et du Ministère des finances, et soumis à toutes les obligations imposées par les lois et réglements aux comptables des deniers publics.

Art. 3.

Le régisseur fournit un cautionnement dont le chiffre est déterminé par le Ministre.

Art. 4.

Il est chargé du recouvrement des recettes de toute nature de l'établissement.

Art. 5.

Il recevra des mains du Receveur des Domaines à Luxeuil les quantités de cartes jugées nécessaires pour les besoins du service.

Ces cartes seront remises au Receveur des Domaines par le Directeur de son administration, qui lui-même les aura reçues de la Préfecture.

Art. 6.

Les cartes seront de couleurs différentes pour chaque série de prix établie par les articles 22 et 23.

Elles porteront une estampille de la Direction des Domaines, et une grande capitale appellative.

Art. 7.

La couleur des cartes sera :

Rose pour les bains en cabinet, à 1ʳ 05.............. A.

Verte pour les douches, à 0ʳ 70................... B.

Bleue pour les bains en piscine, à 0ʳ 60........... C.

Jaune pour les bains privilégiés, à 0ʳ 45........... D.

Violette pour les douches supplémentaires, à 0ᶠ 40.... E.

Chamois pour les bains privilégiés, à 0ᶠ 25......... F.

Cendrée pour les douches et le supplément de linge, à 0ᶠ 20 G.

Rouge-brun pour une serviette supplementaire, à 0ᶠ 05. H.

Blanche pour les bains à domicile, à 1ᶠ............ I.

Art. 8.

Chaque carte mentionnera sa destination, la nature du bain ou de la douche, et son prix (linge obligé compris).

Art. 9.

La remise de ces différentes cartes sera constatée par le Receveur des Domaines sur un registre établi en double (modèle n° 1), et le régisseur les prendra immédiatement en charge de la manière indiquée audit registre, dont un double restera à la disposition de chacun de ces deux agents.

Art. 10.

La délivrance des cartes au public sera faite au comptant et constatée au livre de caisse (modèle n° 5), au fur et à mesure qu'elle aura lieu, par le régisseur. A la fin de la journée, il en fera, par espèces, le dépouillement sur le registre de délivrance des cartes (modèle n° 2); il portera en même temps le produit de ces mêmes cartes sur son livre récapitulatif ou livre à souche (modèle n° 3). Plusieurs cartes pourront être délivrées en même temps à la même personne.

Art. 11.

Tous les cinq jours, pendant la saison des bains, et tous les quinze jours, en dehors de cette saison, le régisseur versera le produit des cartes entre les mains du Receveur des Domaines, qui lui en donnera récépissé. Ce dernier vérifiera fréquemment, et au moins une fois tous les quinze jours, l'exactitude des versements, en se faisant représenter les récépissés antérieurs et les cartes restant encore entre les mains du régisseur.

Chaque versement sera accompagné d'un bordereau récapitulatif rappelant le total de chaque bordereau journalier par nature de produits, et présentant le total général des recettes des cinq jours (modèle n° 4).

Art. 12.

Au 31 décembre, le régisseur, en faisant son dernier versement, représente au Receveur son registre n° 1 et tous les récépissés qui lui ont été délivrés pendant l'année. Celui-ci compare le montant avec la valeur totale des cartes qu'il a remises au régisseur d'après ledit registre n° 1. La différence qui sera constatée devra être représentée par le nombre de cartes restant disponibles entre les mains du régisseur, ou, à défaut, par ses propres deniers.

TITRE II.

Administration des Bains. — Devoirs du Régisseur. — Contrôle des Cartes.

Art. 13.

Le régisseur exercera une surveillance générale sur tous les établissements.

Art. 14.

Il est secondé, ainsi qu'il est dit à l'article 2, pour l'administration des bains ou douches : 1° par un surveillant ou baigneur en chef, ou même par plusieurs si les besoins du service l'exigent; 2° par une lingère chargée de la conservation et du blanchissage du linge, sous la surveillance du régisseur responsable, ou par un préposé à la surveillance et à l'emploi du linge, lesquels seront chargés d'en faire la distribution au baigneur en chef sur un bon du régisseur; 3° par un nombre de servants des deux sexes correspondant aux besoins journaliers du service; le tout dans la limite des allocations du budget de l'établissement.

Art. 15.

Ces divers employés sont nommés et révoqués par le Préfet, sur la proposition du médecin-inspecteur des eaux. Le Préfet pourra, s'il le juge à propos, admettre le régisseur à lui présenter des candidats; mais l'inspecteur devra néanmoins être consulté.

Art. 16.

Les chefs-baigneurs détachent et conservent l'angle inférieur gauche de chacune des cartes qui leur sont présentées. Il est interdit aux servants d'admettre aucune carte avant cet enlèvement.

Art. 17.

Chaque jour les chefs-baigneurs portent le tronc des salles confiées à leur surveillance chez le régisseur, où s'établit la concordance qui doit exister entre les cartes reçues par les servants et les angles de cartes enlevés par les chefs-baigneurs.

Les employés du Domaine pourront assister à l'ouverture des troncs, se les faire ouvrir toutes les fois qu'ils le jugeront convenable, établir eux-mêmes la concordance et vérifier l'exactitude de la caisse. Chacune de ces opérations sera constatée par un vu sur le livre de caisse.

Art. 18.

Les baigneurs en chef ne pourront, sous aucun prétexte, pendant les mois de juillet et d'août, à raison de la complication et des exigences du service, administrer eux-mêmes les bains et les douches demandés, ce soin restant exclusivement dévolu aux servants.

Art. 19.

Les servants reçoivent des baignants les cartes de bains, de douches et de linge supplémentaire. A l'instant même où ces cartes sont remises entre leurs mains, ils doivent en enlever l'angle inférieur droit, puis ils les déposent dans le tronc qui leur est propre.

Ils ne peuvent rien exiger des baignants pour le service dont ils sont chargés.

Art. 20.

Les cartes enlevées des troncs seront portées par le régisseur, lors de ses versements, chez le Receveur des Domaines, en présence de qui elles seront détruites.

TITRE III.

Tarif des Bains, — Douches, — Linge, — Eaux vendues, — Chaises à porteur, — Transport des Bains à domicile, — Bains privilégiés des Habitants de Luxeuil.

Art. 21.

Les produits à percevoir dans l'établissement par le régisseur sont :

1° Le prix des bains et douches ;

2° La rétribution pour le linge fourni par l'établissement ou pour le chauffage du linge des particuliers ;

3° Le produit de la vente des eaux ;

4° Les droits d'entrée dans les salons, lorsque ces droits ne seront pas affermés.

§ Ier. — PRIX DES BAINS ET DOUCHES.

Art. 22.

Toute carte de bain, de cabinet ou de piscine, toute carte de douche, pour les dix premières minutes, donne droit à un peignoir, à une chemise et à deux serviettes.

Le tarif des bains et douches, en y comprenant le linge ci-dessus, est réglé ainsi qu'il suit :

Bains en cabinet dans les baignoires de pierre de zinc.	1^f	05^c
Bains dans les piscines ou bassins................	»	60
Douches ordinaires, écossaises; bains de vapeur ou étuves. { Pour les dix premières minutes, avec le linge.....	»	70
Pour chaque durée supplémentaire de dix minutes, sans fraction.........	»	40
Douche ascendante ou irrigation, quelle que soit la durée.................................	»	20
Bains à domicile (linge et transport non compris)...	1	»

§ II. — PRIX DU LINGE.

Art. 23.

Le prix du linge indispensable se trouvant cumulé avec celui ci-dessus fixé pour chaque bain ou douche, les personnes qui voudront se servir de leur propre linge n'auront droit à aucune réduction du prix des cartes, mais aussi elles n'auront aucune rétribution à payer pour le chauffage de leur linge, qui ne pourra avoir lieu que par les servants de l'établissement, à l'exclusion de tout serviteur étranger.

Le linge de l'établissement demandé en supplément, soit pour les bains, soit pour les douches, sera fourni sur la présentation de cartes spéciales, dont le prix est ainsi réglé :

Pour un peignoir, pour une chemise de toile ou de flanelle, ou pour un fond de bain......................... »ᶠ 20

Pour une serviette........................... » 05

Art. 24.

Les bains et douches seront distribués le matin par série de deux heures.

La première série commence à 5 heures du matin et finit à 7.
La seconde commence à 7 heures 1/4 et finit à 9 heures 1/4.
La troisième commence à 9 heures 1/2 et finit à 11 heures 1/2.

Art. 25.

La durée d'une douche ordinaire, écossaise, et du bain de vapeur, étant fixée à dix minutes, le servant devra exiger une seconde carte au-delà de dix minutes, une troisième au-delà de vingt, une quatrième au-delà de trente, et ainsi de suite. Toutefois, *la durée du bain et de la douche* devra être comprise dans les deux heures accordées à la série à laquelle appartient la personne qui fait usage des eaux thermales. Les bains et douches qui seront demandés après la troisième série seront assujettis aux mêmes règles et conditions que ceux qui sont pris dans les séries du matin.

Art. 26.

Le bain médical dit de Barèges, ou celui dans lequel seraient introduites des mixtions sulfureuses, ne pourra être pris que dans une baignoire en bois, à l'heure indiquée par le médecin-inspecteur et dans la partie de l'établissement désignée par lui.

Les fournitures seront payées en sus de la carte ordinaire de bain.

Art. 27.

Les bains sur admissions gratuites accordées par le Préfet, soit directement, soit sur la proposition de l'inspecteur, seront administrés dans le local désigné par ce dernier, et qui sera uniquement consacré à cette destination.

Art. 28.

La saison des eaux commencera le 15 mai et finira le 15 septembre. Toutefois, hors la saison, c'est-à-dire du 16 septembre au 14 mai, les tarifs ci-dessus fixés resteront les mêmes pour toutes personnes autres que les habitants de Luxeuil. Les priviléges de ces derniers sont déterminés dans l'article 35 ci-après.

§ III. — VENTE DES EAUX EN BOUTEILLE.

Art. 29.

L'eau ferrugineuse ou toute autre dont on voudra faire usage pour boisson hors de l'établissement sera vendue à raison de cinq centimes le litre, verre non compris, et le puisement en sera fait par les soins d'un baigneur en chef, en vertu d'un permis de puisement délivré par le régisseur (modèle n° 8). Le permis sera conservé par le baigneur en chef, qui inscrira au fur et à mesure, sur un livre spécial (modèle n° 9), les puisements effectués. Tous les mois il fera un relevé de ce livre, qu'il certifiera et remettra au régisseur pour lui servir de justification de ses recettes.

Art. 30.

Aucune expédition d'eau ne pourra être faite sans qu'il en ait été donné avis au Receveur des Domaines, qui, après l'avoir vérifiée sans retard, en prendra note.

Art. 31.

Les produits de cette vente, perçus directement par le régisseur, seront inscrits sur un registre à souche (modèle n° 10) et versés par lui tous les cinq jours dans la caisse du Receveur des Domaines. Il portera également le montant de ces produits sur le registre des recettes exigé par l'article 11.

Le régisseur produira en effectuant son verscment le relevé mensuel du baigneur en chef, lequel sera vérifié et conservé par le Receveur comme pièce justificative dudit versement; ce dernier en donnera un récépissé spécial au régisseur.

§ IV. — RÉTRIBUTION POUR LES CHAISES A PORTEUR ET POUR LE TRANSPORT DES BAINS A DOMICILE,

Art. 32.

Des porteurs seront accrédités près de l'établissement thermal pour le transport des malades dans des chaises à porteur et des bains à domicile. Ils ne peuvent exiger que les rétributions suivantes :

Pour la première course......................	»f	50c
Pour une deuxième course dans la même matinée..	»	25
Pour transport d'un bain en ville, payable directement aux porteurs...........................	»	60

Art. 33.

Les prix établis dans l'article précédent seront payés directement aux porteurs par les personnes qui les auront employés.

§ V. — BAINS PRIVILÉGIÉS DES HABITANTS DE LUXEUIL.

Art. 34.

Le privilége dont jouissent les habitants de la ville de Luxeuil depuis un temps immémorial, et que l'Etat s'est engagé à leur conserver, consiste dans la faculté : 1° de se servir gratuitement de l'eau des fontaines destinée à la consommation de la table ; 2° de prendre des bains, depuis le 15 septembre jusqu'au 15 mai de chaque année, moyennant une rétribution de 5 centimes dans les bassins et de 25 centimes dans les cabinets, en se servant de leur linge personnel. S'ils emploient celui de l'établissement, ils le paient 20 centimes, c'est-à-dire les 2/3 du prix fixé pour les étrangers.

Il suffira de justifier de son domicile réel dans la ville de Luxeuil, depuis une année révolue, pour user de ce privilége, qui ne s'étend pas naturellement aux douches, ni aux bains à domicile, ni au linge dit de luxe ou supplémentaire.

Deux cartes spéciales et de couleur blanche serviront à ces sortes de bains, dont les prix restent dès lors fixés, savoir :

Pour les piscines ou bassins, linge compris (peignoir et deux serviettes)............................... » 25ᶜ

Pour les bains en cabinet, même linge compris.... » 45

Art. 35.

Si le nombre des étrangers qui fréquenteront l'établissement pendant la saison des eaux permet de laisser baigner les habitants de Luxeuil au prix ci-dessus réduit, sans inconvénient pour le service, le régisseur et le médecin-inspecteur pourront, après en avoir obtenu l'autorisation du Préfet, leur accorder *exceptionnellement* cette faculté, A TITRE DE TOLÉRANCE, *qui sera révocable à volonté, et dont on ne pourra user dans tous les cas que l'après-midi.*

TITRE IV.

Produits accidentels.

Art. 36:

Les produits accidentels se composent :

1° Du prix de vente des objets mobiliers hors de service, etc.;

2° Du prix des loyers des bâtiments appartenant à l'établissement et qui momentanément ne sont point employés au service des bains, et de ceux des boutiques établies dans l'intérieur pendant la saison des eaux.

Art. 37.

En ce qui concerne les ventes, lorsque la valeur presumée des objets excède 200 fr., le Receveur des Domaines assiste à la vente et en perçoit directement le produit, en vertu du procès-verbal ou de l'acte de vente. Si la valeur présumée des objets mis en vente est de 200 fr. et au-dessous, la presence du Rece veur des Domaines peut ne pas être requise. Le regisseur de l'etablissement perçoit le prix de vente et le porte en recette sur son livre à souche ou livre récapitulatif. Il forme à la fin de chaque mois, suivant le modèle n° 4, un état indiquant les dates des ventes faites pendant le mois, la nature, la quantite et le prix des objets vendus. Il remet cet état certifié par lui au Rece-veur des Domaines, auquel il verse les fonds qu'il a recouvres Le Receveur des Domaines s'en charge en recette à titre de *produits de vente d'effets mobiliers hors de service, etc., dans les établissements thermaux.*

Art. 38.

En ce qui concerne *le prix des loyers,* le Receveur des Do-maines le perçoit sur les locataires en vertu du bail, dont une expédition authentique doit lui être remise. Ce Receveur intervient dans la passation des baux. Il se charge en recette du produit, à titre spécial de *produit des locations dans les établissements thermaux.*

TITRE V.

Dispositions générales relatives à la Comptabilité.

Art. 39.

Il est compté par exercice pour les produits mentionnés dans le présent réglement.

Art. 40.

L'exercice prend son nom de l'année pendant laquelle le recouvrement des produits est exigible, d'après les baux et bordereaux de recettes qui sont remis au Receveur des Domaines.

Art. 41.

Indépendamment des registres prescrits par les articles 10 et 11, le régisseur tiendra un registre destiné à inscrire les dépenses concernant le personnel et le matériel de l'établissement thermal. Ces registres seront cotés et paraphés par le Préfet ou son délégué.

Aucune de ces dépenses ne devra être prélevée sur les produits de cet établissement. Le paiement en sera assuré par les mandats du Préfet, au moyen de crédits spéciaux et des ordonnances du Ministre de l'agriculture et du commerce.

Art. 42.

Les dépenses seront proposées à l'administration supérieure par l'inspecteur, l'architecte et le régisseur, collectivement ou séparément; celles qui auront pour objet des fournitures ou des travaux seront, selon leur importance et leur nature, effectuées ensuite d'adjudications publiques, d'abonnements ou de marchés passés de gré à gré, après avoir été autorisées par le Ministre de l'agriculture et du commerce.

TITRE VI.

Des Baigneurs en chef et autres Employés au service de l'Etablissement.

Art. 43.

Les baigneurs en chef sont tenus de remplir exactement les obligations mentionnées par les articles 14, 16, 17 et 18 du présent.

Art. 44.

Ils veillent en outre à la conservation du mobilier, qu'ils doivent soumettre, avant et après l'ouverture de la saison, et en cas d'accident, à l'inspection de l'architecte, pour qu'il indique les réparations devenues nécessaires.

Art. 45.

Ils conservent chez eux toutes les clefs de l'établissement, et ne peuvent les confier qu'au médecin-inspecteur ou au régisseur. Ils exercent aussi, sous la direction du médecin-inspecteur, la surveillance relative à la police, à la salubrité, à la conservation des bains.

Art. 46.

Ils doivent se rendre aux bains, avec les servants sous leurs ordres, aux heures indiquées par le médecin-inspecteur, et ne quitter l'établissement que lorsque le service est terminé.

Art. 47.

Ils ne peuvent laisser faire usage des bains communs sans

préalablement s'être fait représenter le certificat du médecin-
inspecteur dont il est question sous le titre VII ci-après.

Art. 48.

Ils dirigent, sous la surveillance de l'inspecteur, l'usage des
eaux, soit en bains, soit en douches, de manière à éviter toute
confusion et toute préférence.

Art. 49.

Ils s'assurent de la propreté des bains et cabinets de douches
chaque fois qu'un baigneur en sort, ainsi que des autres cabinets
et baignoires, et tous les jours, après le service du matin, ils font
vider et nettoyer les bains, laver et balayer les salles, les
cabinets particuliers ou d'aisances, renverser, pour les sécher,
les baquets et autres ustensiles employés au service journalier;
enfin ils veillent à ce que l'établissement soit constamment dans
le meilleur état.

TITRE VII.
Police de l'Établissement.

Art. 50.

Pendant la saison des eaux, l'inspecteur exerce la surveillance
sur toutes les parties de l'établissement affectées à l'administration des eaux et au traitement des malades; il est chargé du
maintien de l'ordre, veille à la propreté des bains en général,
dirige les baigneurs en chef dans leur service, et rend compte au
Préfet des abus, des manquements de service et des accidents.

Art. 51.

Les dispositions de l'article précédent ne peuvent être en-
tendues de manière à restreindre la liberté qu'ont les malades
de suivre les prescriptions de leur propre médecin ou d'être

accompagnés par lui, s'ils le demandent, sans préjudice du libre usage des eaux réservé par l'article 54.

Art. 52.

Le médecin-inspecteur ne peut rien exiger des malades dont il ne dirige pas le traitement, ou auxquels il ne donne pas des soins particuliers.

Art. 53.

La saison des eaux commence au 15 mai et finit au 15 septembre. Quiconque, pendant cette époque, veut faire usage des eaux dans les cabinets ou piscines devra se présenter au bureau du régisseur pour s'y faire inscrire, en indiquant ses nom, prénoms, qualités et demeure, ainsi que son domicile à Luxeuil.

Les malades auront le choix des cabinets et des heures qui se trouveront libres au moment de leur inscription sur le registre du régisseur. Un tableau qui indiquera les vacances sera, en conséquence, affiché d'une manière permanente dans le bureau du régisseur, dans le cabinet du médecin-inspecteur et dans l'établissement.

Art. 54.

Nul ne pourra se baigner dans les bassins communs sans avoir préalablement pris le bain dit *de propreté* dans une baignoire particulière.

Art. 55.

La même baignoire ne pourra servir à deux personnes. Les enfants au-dessous de l'âge de huit ans sont exceptés, et ce sans augmentation du prix du bain.

Art. 56.

La plus longue durée d'un bain est fixée à deux heures. Ce temps expiré, le prix du bain sera payé double.

Le baignant qui, sans prévenir le régisseur au moins une

demi-heure à l'avance, n'aura pas fait usage du cabinet réservé par lui, en devra le prix et pourra être privé de la place qui lui avait été assignée.

Art. 57.

Le médecin-inspecteur, les employés de l'établissement et les médecins, sur la demande des malades, peuvent seuls pénétrer pendant les heures de service dans les salles et cabinets de bains.

Nul ne pourra entrer dans un cabinet sans être demandé par celui qui l'occupe et sans être annoncé par une personne de service près du malade.

Art. 58.

Le service des bains est exclusivement confié aux serviteurs attachés à l'établissement; cependant les malades pourront se faire servir par les personues qui seront bien connues leur appartenir et qui auront été amenées par eux à cet effet.

Art. 59.

Les malades indigents porteurs d'une autorisation du Préfet de leur département seront, du 1er mai au 20 juin, et du 20 août au 30 septembre, autant que le permettront les moyens de service, admis et soignés gratuitement aux bains, à charge par eux ou par la commune du domicile de secours, de pourvoir à leur subsistance et à leur logement. Ils recevront une chemise ou un peignoir pour les bains en commun, une chemise et deux serviettes dans tous les cabinets pour se sécher.

Ils ne pourront faire usage des eaux qu'aux heures et dans les lieux et places qui seront indiqués par le médecin-inspecteur, qui leur donnera ses soins gratuitement.

Art. 60.

Il est expressément défendu à tout employé, ainsi qu'aux

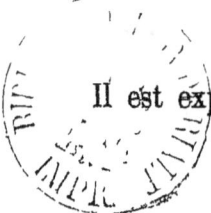

servants et servantes, de rien exiger des baigneurs au-delà des prix et rétributions fixés au tarif ci-dessus.

Art. 61.

Il est expressément défendu aux personnes qui entrent dans l'établissement d'avoir avec elles des chiens ou autres animaux.

Les dispositions du réglement de police de la ville relatives aux bruits et tapages injurieux sont applicables dans l'intérieur de l'établissement.

Il est défendu de fumer sous les péristyles et dans les salles ou cabinets.

Toutes paroles ou actes inconvenants, ou de nature à troubler l'ordre, sont interdits sous peine d'expulsion de l'établissement.

Art. 62.

Il est défendu de rien jeter de malpropre, faire aucune ordure, ni tremper des linges, habits ou autres effets, soit dans les bassins et sources d'eaux minérales, soit dans les bains et bassins des fontaines situées autour des bâtiments, même dans les eaux du parc; de déposer des matériaux, déblais et ordures autour des bâtiments et dépendances.

Les observations, réclamations sur le service et les contraventions aux dispositions qui précèdent sont adressées au médecin-inspecteur, et, s'il y a lieu, au commissaire de police.

Art. 63.

Il y a un garde de police attaché à l'établissement. Il est placé sous les ordres du médecin-inspecteur et du régisseur.

Il est chargé d'empêcher les dégradations, l'introduction des chevaux et autres animaux dans l'intérieur des cours, plantations et promenades des bains. Il veillera à ce que les mendiants ne s'introduisent pas dans l'intérieur de l'établissement ni ne circulent aux alentours; à ce qu'il ne s'y établisse ni saltimbanques, ni bateleurs, escamoteurs, chanteurs, musiciens ambulants et autres individus exerçant des professions analogues. Enfin, il exercera une surveillance active, et, en cas de contraventions, il fera son rapport au commissaire de police, qui dressera des procès-verbaux.

Art. 64.

Le présent règlement sera affiché dans l'intérieur des établissements, dans le cabinet du médecin-inspecteur, dans le bureau du régisseur, au salon des bains, et il sera communiqué aux baignants chaque fois qu'ils en feront la demande.

Fait à Vesoul, le 20 avril 1861.

Le Préfet de la Haute-Saône,
L. ISOARD.

Vu et approuvé.
Paris, le 29 avril 1861.

Le Ministre de l'agriculture, du commerce et des travaux publics,
ROUHER.

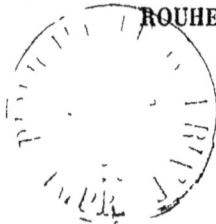

Vesoul, typographie de L. SUCHAUX.